W0053906

Tobias Faix mit Aimée und Lilly

Das ist Erpressung!
Nein, Erziehung!

Vater-Tochter-Dialoge über den
ganz normalen Wahnsinn des Familienalltags!

Mit Bildern von Sven Gerhardt

francke

Über den Autor: Dr. Tobias Faix lebt mit seiner Frau Christine und seinen zwei Töchtern in Marburg. Er studierte in Deutschland, Amerika & Südafrika Theologie und arbeitet heute als Dozent für Praktische Theologie am Marburger Bildungs- und Studienzentrum; dort leitet er das Studienprogramm „Gesellschaftstransformation".

Bibliografische Information Der Deutschen Bibliothek
Die Deutsche Bibliothek verzeichnet diese
Publikation in der Deutschen Nationalbibliografie;
detaillierte bibliografische Daten sind im Internet über
http://dnb.ddb.de abrufbar.

ISBN 978-3-86827-310-6
© 2012 by Verlag der Francke-Buchhandlung GmbH
35037 Marburg an der Lahn
Umschlaggestaltung und Illustrationen:
Verlag der Francke-Buchhandlung GmbH / Sven Gerhardt
Satz: Verlag der Francke-Buchhandlung GmbH
Druck und Bindung: CPI Moravia Books, Korneuburg

www.francke-buch.de

Inhaltsverzeichnis

„Produzier mich nicht!"

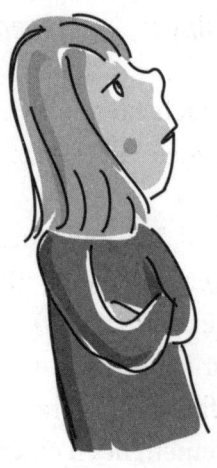

Warum es dieses Buch gibt und wie es entstanden ist

Italien, Lago Maggiore. Es ist spät, die Kinder machen sich fertig fürs Bett und ich sitze am Computer und „sammele" alle bisherigen „Vater-Tochter-Dialoge", als Folgendes geschieht:

Tochter: Was machst du?
Vater: Ich sammele all unsere „Vater-Tochter-Dialoge" …
Tochter: Oh, cool, lies mal einen vor.
(Vater liest einen vor, beide Töchter kuscheln sich an den Vater, alle lachen)
Tochter: Da war ich noch ganz klein …
Vater: Ja, ungefähr fünf Jahre …
Tochter: Noch einen, noch einen …

Und so verbringen wir die späte Stunde im Urlaub, indem wir die verschiedenen Dialoge vorlesen, uns amüsieren, ganz kritische Dialoge „rauswerfen" und uns an tolle gemeinsame Zeiten als Familie erinnern. Nun weiß ich, dass dies natürlich etwas Besonderes für uns als Familie ist, und deshalb ist dieses Buch auch ganz egoistisch ein Buch für uns. Aber ich weiß, dass diese Dialoge nicht nur uns gefallen. Denn viele der „Vater-Tochter-Dialoge" habe ich zuerst in meinem blog (Internettagebuch) veröffentlicht. In unregelmäßigen Abständen und ohne tieferen Grund, einfach weil wir sie als Familie lustig, inspirierend oder nachdenkenswert fanden. Das ging aber nicht nur uns so, sondern auch Tausende Leserinnen und Leser haben den blog deshalb verfolgt, sich über die „Vater-Tochter-Dialoge" gefreut und diese mit Hunderten Kommentaren versehen. Dazu kamen viele Briefe und E-Mails und wir sind erstaunt, wo die Dialoge überall genutzt wurden: in Predigten und Gottesdiensteinleitungen, Jugend- und Hauskreisen oder als gespielte Theaterstücke (die wir ja zu gerne gesehen hätten!). Dies hätten wir nie erwartet und es hat uns sehr gefreut. Jetzt erscheinen sie also als Buch und schließen dieses „Kapitel" ab. Denn es hat sich einiges verändert. Zum einen sind die Töchter groß geworden (im Vergleich zum Jahr 2006) und jeder einzelne Dialog muss heute ausführlich diskutiert werden, bevor er die Freigabe zur Veröffentlichung erhält (und immer weniger Dialoge schaffen es überhaupt so weit) und zum anderen sind die Themen nicht mehr nur lustig, sondern wurden im Laufe der Zeit nachdenklicher oder es wurden Situationen beschrieben, die für uns als Familie schwierig waren. Dieser ehrliche Einblick in unser Familienleben hat vielen anderen Familien Mut gemacht, aber auch manche verärgert.

Auf den folgenden Seiten finden Sie 50 „Vater-Tochter-Dialoge" aus den letzten fünf Jahren. Gestartet hat das Ganze also im Januar 2006, da war Aimée, die Ältere, gerade fünf und Lilly drei Jahre alt. Dies ist zur Einordnung der Dialoge nicht unerheblich. Dann gibt es dazu noch ein paar lose Texte zu Jahresbeginn oder zwischendurch, die einen kleinen atmosphärischen Einblick in unser Familienleben geben. Sehr ehrlich und ungeschminkt, wie die Dialoge eben auch sind. Sie beschönigen nichts, weder so noch so. Und noch eine wichtige Information: Ja, es gibt eine Mutter! Und diese spielt in unserer Familie eine zentrale Rolle, auch wenn sie in diesem Buch nur so am Rande ein paarmal erscheint. Es sind nun mal „Vater-Tochter-Dialoge", aber wir lieben und brauchen unsere Mutter und Ehefrau und widmen ihr deshalb in Liebe dieses Buch.

Ach, noch etwas. Wenn Sie sich wundern, dass es in den Dialogen vermehrt über das Thema „Gott" geht, liegt es wahrscheinlich daran, dass der Vater Theologe ist und als Dozent für Theologie arbeitet. Auch dies hat Auswirkungen auf den ganz normalen Alltag.

Ein Allerletztes, am schönsten sind die „Vater-Tochter-Dialoge", wenn man sie sich gegenseitig vorliest ...

Tobias, Aimée & Lilly Faix, im Sommer 2011

Wer wir sind

Aimée, geboren am 28. November 2000, hat die blauen Augen vom Vater und die schöne Form von ihrer Mutter. Sie spielt Quer- und Blockflöte und ist eine unermüdliche Leseratte, wobei sie Hamster eigentlich lieber mag. Sie hat die längsten Haare der Familie, fährt Einrad und kann stundenlang Kunstwerke malen, die dann beim Vater im Büro Ehrenplätze bekommen. Sie ist eine Frühaufsteherin, was ihr manch ruhige Morgenstunde beschert. Sie ist als Einzige in der Familie halbwegs geduldig, was nicht nur Vorteile bringt, und sie hat ihre ganz eigene Art, sich trotzdem gegen alle anderen durchzusetzen.

Lilly, geboren am 19. September 2002, unsere „Blondie", liebt es auszuschlafen und kann stundenlang Nintendo spielen, was die Eltern nicht immer so gut finden. Sie findet jegliche Form von Ungerechtigkeit blöd und lebt auch deshalb, seit sie acht Jahre alt ist, als Vegetarierin. Sie liebt Schweine und mag Schweinsteiger sowie kreative Ausdrucksweisen wie beispielsweise Töpfern. Sie ist unsere Sportskanone und liebt Ironie und widerlegt damit den Entwicklungspsychologen Piaget, der behauptet hat, dass dies erst viel später möglich sei. Schule dagegen hält sie für überbewertet.

Tobias, der Vater, hat Theologie studiert und arbeitet als Dozent, spielt gerne Fußball und hat schon mit fünf Jahren ein HSV-T-Shirt getragen. Er hat als Einziger in der Familie eine Brille, die so schwarz ist wie sein Humor. Er liebt Bücher und Menschen, was nur manchmal ein Widerspruch ist. Er erzählt, wenn man seinen Töchtern glauben mag, die spannendsten Gute-Nachtgeschichten vom „Kleinen Knappen Knut" und ist schnell frustriert, wenn er die scheinbar einfachsten Fragen seiner Töchter mal wieder nicht beantworten kann (wie dieses Buch mehrfach beweisen wird).

Christine, die Mutter, kommt in diesem Buch eher am Rande vor, spielt aber in der Familie eine zentrale Rolle! Emotional und warmherzig kann sie sich trotzdem ganz schön aufregen. Sie würde am liebsten immer Sommer haben und findet deshalb Italien und Spanien toll. Als studierte Pädagogin und Dozentin für „Sozialpädagogische Konzepte und Strategien" weiß sie zumindest in der Theorie, wie das mit der Erziehung optimal zu laufen hat. Ansonsten ist sie die gute Seele der Familie und kann sich herrlich am Glück der anderen mitfreuen.

Das Jahr 2006

„Das Wunder des Alltags"

Heute Morgen um 6:00 Uhr war die Nacht vorzeitig beendet und Aimée und Lilly standen unausgeschlafen und missmutig auf der Matte. Ja, so sollten Feiertage beginnen. Lilly brüllte nach Milch und Aimée nervte mit der immer wiederkehrenden Frage: „Wann stehen wir endlich auf? Wann stehen wir endlich auf? ..." Aufstehen, Milch machen, wieder hinlegen und das Generve ging weiter. Aber dann gab es doch noch ein bisschen Ruhe, bevor die Mädels wieder schlecht gelaunt zum Aufstehen drängten. Irgendwie war der Morgen versaut und alle schlecht drauf. Das Frühstück war ein einziges Rumgemotze und -gezicke und um 9:30 Uhr hatten wir uns alle geschafft. Ich hatte wirklich auf nichts mehr Lust und Christine war auf 180! Alltag am Feiertag. Der Mai ist gekommen, die Kinder schlagen aus. Dann meinte Christine, ob wir nicht beten sollten. Was soll man da sagen? Ich dachte, dass Gott schon vor Stunden die Flucht ergriffen hätte, aber was soll ich als Christ zu solch einem Vorschlag schon sagen? Gut, ja, klar, beten ist ja immer gut. Haben uns dann ein bisschen Zeit genommen, über den Monatsspruch nachgedacht und den ganzen Müll des Morgens Gott abgegeben. Nichts passiert. Ich ging ins Büro an meine Doktorarbeit und Christine hat mit den mürrischen Kids Kuchen gebacken. Aber das „Wunder" passierte im Vollzug. Beim Mittagessen stellten wir fest, dass wir alle den restlichen Vormittag gut gelaunt verbracht hatten. Die Kids backten leckeren Kuchen und spielten danach super kreativ, Christine war bestens gelaunt und ich kam richtig gut voran und schickte ein verschämtes „Danke" nach oben.

„Papa Löwe Spiel"

Vater (zu Lilly): Ich fress dich jetzt auf!
Lilly: Nein, das darfst du nicht!
Vater: Warum nicht?
Lilly: Weil du das nicht verträgst und weil Gott das nicht will und du mich liebst!
Vater: (schaut sie überrascht an)
Lilly: (lacht) Und ich hab in allen Punkten recht!
Vater: (kapitulierend) Ja!

„Alltagsgestank"

Lilly „kotzt" und „kackt". Das ist nicht schön. Nein, das ist es nicht. Vorne und hinten parallel – weiß kaum, wo ich zuerst hinschauen soll. Vater in leicht überforderter Rolle. Mutter nicht da. Putzen, Bett beziehen, Klamotten wechseln, waschen, weiter geht es – wieder von vorn anfangen. Es stinkt. Nach einer Weile entsteht ein sehr kurzer Dialog:

Lilly: (ist sehr tapfer und sagt schließlich erschöpft) Jetzt ist es vorbei, Papa.
Vater: (ebenso erschöpft) Uff ...

Am Ende sind beide geschafft, alles aufgewischt und ausgewaschen. Belohnung – gemeinsam Championsleague schauen! Lilly gefällt es. Mir auch.

„Wer ist der Chef?"

Zum Thema christliche Sozialisation spielt sich beim Abendessen am Wochenende folgende Szene ab:

Lilly: Ich bin satt! (springt vom Stuhl und will das Weite suchen)
Vater: Hiergeblieben. Der Teller wird leer gegessen.
Lilly: Nein, ich mag nicht mehr.
Vater: Die drei Bissen schaffst du schon noch.
Lilly: (entrüstet) Du bist hier nicht der Chef!
Vater: (ebenfalls entrüstet) O doch! Das bin ich, und jetzt setz dich wieder hin!
Aimée: (etwas besserwisserisch) Papa, wer ist der Chef bei uns?
Vater: (immer noch entrüstet) Ich!
Aimée: (verdreht die Augen) Nein, der Chef ist Gott!

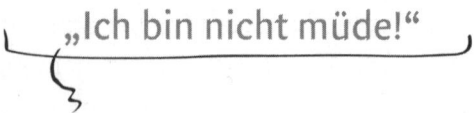

„Ich bin nicht müde!"

Vater: Lilly, bitte schlaf jetzt.
Lilly: Nein.
Vater: Du bist total müde!
Lilly: (ganz leise) Ich bin nicht müde – nur erledigt.

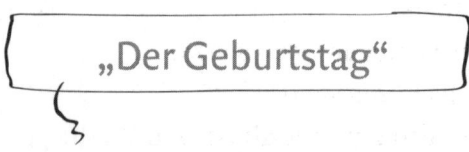

„Der Geburtstag"

Es ist Viertel vor sieben und Aimée taucht an meinem Bett auf:

Aimée: (aufgeregt) Papa, wach auf, wach auf.
Vater: (total verpennt) waphhh ...
Aimée: Du hast heute Geburtstag ...
Vater: Ja ...
Aimée: Papa, du darfst heute nicht aufstehen. Wir machen alles für dich und du darfst ausschlafen.

„Wie alt ist Gott?"

Aimée: Papa, ich denke über eine ganz schwere Frage nach.

Vater: Ja, über was für eine denn?

Aimée: Ich würde dich ja gerne fragen, aber du weißt es auch nicht.

Vater: Das kann ich erst sagen, wenn du mir die Frage stellst.

Aimée: Nein, das ist zu schwer.

Vater: Jetzt frag schon ...

Aimée: Also gut: Wie alt ist Gott?

Vater: Ähm, schwierige Frage ...

Aimée: Siehst du, ich hab's gewusst, du weißt es nicht.

Vater: ???

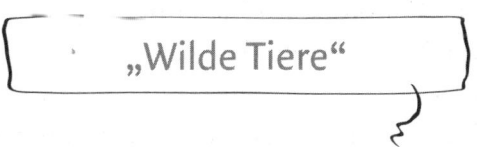

„Wilde Tiere"

Auf dem Weg vom Fußball nach Hause ist mir auf der Straße ein winziger Babyfrosch entgegengehüpft. Hätte den Zwerg fast unter meinen Schuhen begraben und mich dann entschlossen, ihm nicht nur das Leben zu schenken, sondern auch ein neues Zuhause. Habe ihn mit

21

nach Hause genommen. Dort hat er ein neues kleines Terrarium und zwei neue begeisterte Adoptivmütter bekommen. Aimée und Lilly waren zwar etwas enttäuscht, dass das neue Haustier weder ein Pferd noch ein Hund, Katze oder Hase war, aber sie haben Max, den Frosch, schnell in ihr Herz geschlossen. Und es ergaben sich auch anregende Diskussionen.

Aimée: Papa, wo hast du den Frosch her?
Papa: Der ist mir auf der Straße entgegengesprungen.
Aimée: Das glaub ich nicht. Frösche leben doch im Gras und am See.
Papa: Ja, das kann schon sein, vielleicht hat er sich verlaufen.
Lilly: Kann ich ihn mal in die Hand nehmen?
Aimée: Nein, das darf man nicht. Das ist ein wildes Tier.
Lilly: (energisch) Ich will ihn aber in die Hand nehmen!
Papa: Ja, gleich ...
Aimée: Was kann man mit einem Frosch denn machen?
Papa: Naja, du musst ihm einen Kuss geben, dann wird er ein Prinz ...
Lilly: (lacht) Papa, du verwitzt uns.

Papa: (lacht auch) Ja, aber ...

Aimée: Wie kann der arme Frosch hier überleben?

Papa: Wir haben ihm doch ein kleines Terrarium gebaut ...

Aimée: Aber das ist viel zu klein.

Lilly: Ich will jetzt den Frosch ...

Aimée: (energisch) Der Frosch muss wieder in die Natur.

Papa: Ja, wenn er etwas größer ist.

Lilly: Ich will jetzt den Frosch haben!

Aimée: Papa, versprich mir, dass wir den Frosch wieder freilassen.

Papa: Ja, versprochen.

Lilly: Nein, ich will den Frosch behalten.

Papa: (genervt) Ja, jetzt behalten wir ihn und dann setzen wir ihn irgendwann wieder aus.

Lilly: Wohin?

Papa: Ähhh ...

Aimée: An die Lahn natürlich, da hat es Gras und Wasser.

Papa: Natürlich.

Lilly: Kann ich ihn jetzt endlich in die Hand nehmen.

Papa: Ja, klar.

„Die WM –
das Familien-Fußball-Fest"

Obwohl unsere Kinder noch ziemlich klein sind und dazu noch des weiblichen Geschlechts, hat sie das WM-Fieber voll gepackt und so haben wir beschlossen, das Eröffnungsspiel zu einem Familien-Fußball-Fest umzugestalten. Aimée & Lilly waren den ganzen Tag schon aufgeregt: Länger aufbleiben, ganz lange fernsehen, Chips essen und Fanta trinken. Das klingt super für kleine Mädchen. Und richtig, da war ja noch was. Fußball! So bastelten sie den ganzen gestrigen Tag Deutschlandflaggen und andere Fanartikel. Pünktlich um 18:00h hat sich die Familie Faix vor dem festlich gerichteten Fernseher versammelt. Und es lief super! Deutschland führte schnell 1:0, die Kids mampften Chips, Karotten und Apfelschnitze und es ergaben sich interessante Dialoge:

Deutschland geht 1:0 in Führung. Alle springen auf
Christine, Aimée, ich: Oléoléolé Deutschland olé!

Lilly: Oléoléolé Hamburg ole!

Aimée: Lilly, hier spielt Deutschland, nicht Hamburg.

Lilly: (unbeirrt und lauter) Oléoléolé Hamburg ole!

Aimée: Papa, die Lilly kapiert nicht, was Deutschland ist.

Lilly: Doch, ich weiß, die weißen sind die Deutschländer!

Vater: Super, dann können wir ja weitergucken.

Lilly: Warum spielen da Schokoladenmänner mit?

Aimée: Und warum spielen die in rot?

Vater: Also, das ist die Hautfarbe der Menschen in Costa Rica und rot ist wahrscheinlich die Nationalflagge, so wie bei uns.

Aimée: (springt auf) Papa, der hat den Ball mit den Händen genommen, das darf der nicht.

Vater: (schon leicht genervt) Doch, das ist ein Einwurf, wenn der Ball über die Linie geht, dann darf man ihn mit der Hand einwerfen.

Aimée: (erregt) Jetzt ist er wieder über die Linie und es gab keine Hände.

Vater: Ja, weil das die Mittellinie ist.

Aimée: Was ist die Mittellinie?

Vater: (verzweifelt) Das erklär ich dir später. Jetzt ... (laut) Scheiße!

Aimée: Scheiße sagt man nicht!

Vater: Ja, aber Costa Rica hat ein Tor geschossen!

Lilly: Ist Costa Rica wie Bayern?

Vater: (stolz) Ja, so ungefähr.

Aimée & Lilly: (laut im Chor singend) Costa Rica nein nein nein!!! Costa Rica nein nein nein!!!

Lilly: Ich hab Bauchweh.

Vater: Wenn ich alles durcheinandergegessen hätte, hätte ich auch Bauchweh.

Lilly: Ich halt es nicht mehr aus.

Christine: (nimmt Lilly) Komm, wir gucken mal.

...

Nach 90 Minuten sind Christine und ich wirklich geschafft und mir war nicht bewusst, wie anstrengend ein Eröffnungsspiel sein kann. Aber wir haben gewonnen, zum einen das Spiel und zum anderen die Erkenntnis, dass wir das nächste Spiel wieder alleine gucken!

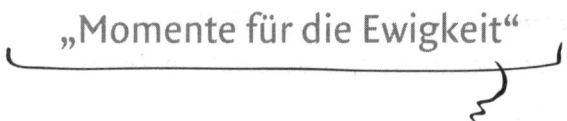

„Momente für die Ewigkeit"

Kam heute zur Tür rein und Aimée stürzte sich in meine Arme, drückte mich so fest, dass ich kaum mehr Luft bekam und küsste mich ab. Als sie mich langsam wieder losließ, ergab sich folgender kurzer Dialog:

Aimée: Papa, ich habe dich hundert Millionen tausend unendlich Mal bis zum Mond und wieder zurück lieb.

Vater: Hey, was ist denn los?

Aimée: Nichts, wollte es dir einfach mal sagen.

Und dann lachte sie mich an, drehte sich um und ging ins Zimmer spielen. Ich stand da und wollte den Moment für immer festhalten.

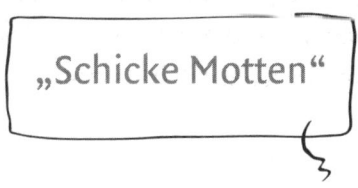

„Schicke Motten"

Lilly erscheint mit einem rosa glitzernden, bauchfreien Top aus der Verkleidungskiste und lässt sich bewundern. Daraus ergibt sich folgender Dialog:

Vater: Du siehst aber schick aus ...

Lilly: Weißt du, wofür man solche schicken Motten braucht?

Vater: Keine Ahnung ...

Lilly: Wenn man in die Disco geht, braucht man so schicke Motten.

Vater: sprachlos.

Lilly: Und einen Stecker im Bauchnabel.

Vater: völlig sprachlos und voller ungelöster Fragen.

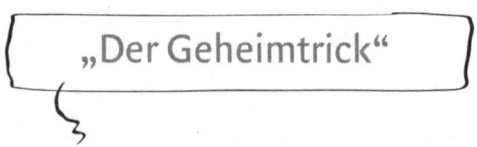

„Der Geheimtrick"

Lilly und ich toben im Ehebett und Lilly versucht ständig, mich zu „besiegen". Daraus ergibt sich folgender Dialog:

Lilly: Ich bin viel stärker als du!

Vater: Ja?

Lilly: Und viel schlauer als du!

Vater: Mmmhhh?

Lilly: Ich hab da nämlich einen Trick.

Vater: Ja, wie sieht der denn aus?

Lilly: Das ist ein Geheimtrick ...

Vater: Aha.

Lilly: Der ist unsichtbar und macht mich stark.

Vater: (zweifelnd) Und damit kannst du mich besiegen?

Lilly: (ganz sanftmütig) Papa stell dich mal schlafend ...

Vater: (legt sich aufs Bett) Und nun?

Lilly: (stürzt sich wie ein wilder Löwe auf Papa und ruft triumphierend) Siehst du: Ich bin stärker als du!

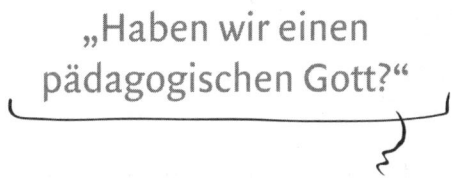

„Haben wir einen pädagogischen Gott?"

Habe Aimée & Lilly heute abgeholt, es regnet und ich möchte, dass sie sich in ihre Kindersitze ins Auto setzen.

Vater: Auf jetzt, setzt euch in eure Sitze.

(Beide Kids stürmen ins Auto und zwängen sich in einen Sitz)

Vater: Bitte, jeder in seinen Sitz.

Beide Kids stürzen sich auf den Boden, nur um sich um eine alte, halb vergammelte Süßigkeit zu streiten.

Vater: (etwas genervt) Setzt euch jetzt sofort auf eure Plätze!

Kinder reagieren nicht, sondern streiten lauthals.

Vater ruft ebenso laut: Jetzt reicht's. Jeder sofort setzen!

Kinder murren rum, setzen sich dann langsam in ihren Sitz.

Vater schaut etwas entnervt über das Auto hinweg. Seine Augen treffen die Augen eines ebenfalls entnervten Vaters, der mit seinen zwei Kids ein paar Meter entfernt dieselbe Prozedur durchmacht.

Der andere Vater sagt: Eigentlich könnten wir eine Kassette aufnehmen und die einfach mehrmals täglich abspielen, oder?

Ich stimme zu und schnalle die Kids an.

Aimée: Was hast du mit dem Nina Papa gesprochen?

Vater: Dass man euch manche Dinge immer wieder sagt und ihr sie trotzdem nicht macht.

Aimée: Na und?

Vater: Wäre aber schön, wenn ihr besser hören würdet.

Aimée: Denk mal an Gott. Wie oft muss er dir Dinge sagen, bis du sie endlich machst!

Bumm! Ärger, Entrüstung und Betroffenheit. –

Ich hasse es, wenn mich meine Fünfjährige moralisch belehrt.

„Das 24 Stunden Experiment"

Nach fast sechs Jahren werden wir heute 24 Stunden Urlaub von unseren Kindern nehmen. Aimée und Lilly werden bei Oma und Opa sein und (hoffentlich) ihre erste Nacht friedlich bei ihnen verbringen. Wir werden weiterfahren und die Zeit ohne Kinder genießen. Christine ist schon mächtig aufgeregt und sagt beim Frühstück:

Christine: Ich weiß gar nicht, warum ich so unter Druck bin?
Aimée antwortet ganz trocken: Weil du nicht weißt, wie es wird. Ist doch logisch.
Die Welt ist so einfach und wir werden sehen, wie das Experiment ausgeht.

„Sechs Jahre Aimée Faix"

Heute Morgen um kurz vor sieben rennt und springt ein kleines Mädchen wie eine wild gewordene Gazelle durch die ganze Wohnung und jubiliert in den höchsten Tönen. So viel gute Laune am Morgen gehört normalerweise zu den unvergebbaren Sünden im Hause Faix, es sei denn, man hat Geburtstag. Und genau so ist es heute. Aimée wird sechs Jahre alt. Meine Tochter. Unglaublich. Es ist wunderschön mitanzusehen, wie sie sich über ihren Geburtstagstisch freut, die Kerzen, den Kuchen, die Lillifee Karte und natürlich die Geschenke. Am Nachmittag lädt sie sich ihre besten Freundinnen ein und, was für eine Überraschung, es gibt eine Feenparty! So fliegen acht wilde Feen in ihren selbst gebastelten Kostümen durch Wohnung und Gelände und suchen nach Schätzen, finden den Kasper und essen und trinken ordentlich. Bis auf zwei entschwinden dann alle Feen und die zwei fallen erfüllt und glücklich ins Bett. Und ich lerne auch wieder was. Der Ausdruck höchster Freude einer Sechsjährigen lautet: „Das ist so schön wie ein Wackelzahn!" Ja, genau so ist's.

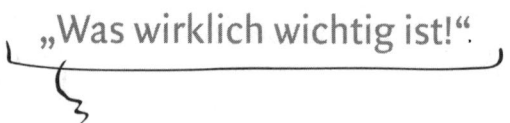

„Was wirklich wichtig ist!"

Kinder haben ein feines Gefühl für Situationen und bekommen oftmals mehr mit als einem recht ist. Christine und ich hatten diese Woche Streit um unser altes Thema Arbeit und Familie. Gestern ergab sich dann mit Lilly folgender Vater-Tochter-Dialog:

Vater: Ich geh ins Büro, Tschüss.
Lilly: Warum gehst du ins Büro?
Vater: Weil ich arbeiten muss.
Lilly: Warum musst du arbeiten?
Vater: Weil ich Geld verdienen muss.
Lilly: Ist das wirklich wichtig?
Vater: Naja, schon.
Kurze Pause.
Lilly: (sehr energisch) Wirklich wichtig ist mit mir zu spielen.
Vater: (lächelt) Ja, das stimmt.
Lilly: (lacht und nimmt mich bei der Hand) Dann komm – sofort!

„Neue Gewohnheiten"

Ausrede des Tages: Aimée kommt wieder aus ihrem Bett gekrabbelt und schleicht sich ins Wohnzimmer.

Vater: Hallo, was machst du denn hier?
Aimée: Papa, ich muss dir was Wichtiges sagen ...
Vater: Du gehst bitte sofort zurück in dein Bett.
Aimée: Aber Papa, ich kann nicht schlafen.
Vater: Warum?
Aimée: Ich bin es einfach noch nicht gewöhnt, sechs zu sein.
Vater: ???

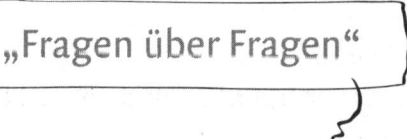

„Fragen über Fragen"

Heute Mittag kommt Lilly und stellt mir folgende Fragen:

Lilly: Du Papa, ich muss dich was Wichtiges fragen: Hat Gott die Krankheit gemacht?
Vater: Zögert, will kurz überlegen ...

Lilly: Wie wird eigentlich Glas gemacht?

Vater: Ähhh, will wieder überlegen ...

Lilly: Und wie wird Bier gemacht?

Vater: Sucht krampfhaft nach Antworten und Zusammenhängen ...

Lilly: (entschlossen und fordernd) Das sind alle Fragen.

Vater: Gut. Also fangen wir bei deiner ersten an ...

„Aimée und die Planeten"
oder
Bildungserziehung im Hause Faix und am meisten lernt der Papa

Aimée fragt mich gestern, wie das denn ist mit dem Jupiter. Wie groß der ist und wie die Temperaturen so sind und überhaupt wie weit weg der Jupiter von der Venus ist und auch, ja wenn wir schon dabei sind, wie viele Ringe der Saturn hat? O.k., wenn man wie Aimée Astronautin werden möchte, sind das natürlich Grundkenntnisse und ich verstehe ihr Anliegen. Doch als durchschnittlicher Erdenbürger habe ich auf alle diese Fragen keine sicheren Antworten. Aber, praise God for the Internet! Das Internet kann alle ihre Fragen beantworten und dank dem neuen Farbkopierer am mbs bekommt Aimée sogar einen schönen Ausdruck der wichtigsten Planeten. Meine Frau, als beste Mutter unserer Kinder, setzt natürlich gleich noch einen drauf und leiht in der Stadtbücherei einige Bände zum Thema Planeten und Weltraum aus. Jetzt gibt es jeden Abend neue Erkenntnisse über die Erde, andere Planeten und die Weite des Weltalls.

„Vater-Töchter-Wochenende"

Da Christine an diesem Wochenende auf einer Fortbildung ist, genieße ich die letzten Tage mit meinen Töchtern. Keine anderen Termine, nur sie und ich und das sieht dann ungefähr so aus: Pizza backen & genießen, toben & schmusen, um Kaugummis streiten, gemeinsam Pipi Langstrumpf schauen & danach versuchen auf den Tischen rumzuhüpfen, ausräumen und aufräumen, streiten & versöhnen, lachen & weinen, suchen & finden, verkleiden & verstecken, vorlesen & malen, Schabernack & ernste Gespräche, himmelhoch jauchzend & zu Tode betrübt ...

Gestern Abend sagte Lilly dann: „Papa, das war ein herrlicher Tag!" Manchmal reicht ein Satz, um glücklich zu sein.

„Und wer hat Gott geschaffen?"

Aimée, Lilly und ich unterhalten uns heute über die Zeit, als ich noch ein Kind war und bei meinen Eltern gelebt habe, als folgender Dialog entsteht:

Lilly: Als du bei der Oma gewohnt hast, da waren wir noch in Mamas Bauch, stimmt's?
Vater: Nein, da wart ihr noch nicht in Mamas Bauch, so lang ist das schon her.
Aimée: (bestimmt) Nein, da waren wir noch im Himmel.
Vater: Aha, was habt ihr denn da gemacht?
Aimée: Da haben wir gewartet, bis wir in Mamas Bauch dürfen.
Vater: Und wie seid ihr in den Himmel gekommen?

Lilly: Der Gott hat uns gemacht.

Vater: (staunt schweigend)

Aimée: Und der Jesus auch ... (kurze Pause) und der Heilige Geist war auch dabei!

Vater: (immer noch erstaunt) Und wer hat euch das erzählt?

Lilly: (stolz) Das hab ich selbst überlegt, weil die Knochen so hart sind, muss Gott die machen, weil die Mama das nicht kann und die sonst nicht in den Bauch passen.

Vater: (noch erstaunter) O.k. – interessante Theorie, muss ich erst mal drüber nachdenken ...

Aimée: Papa, wenn Gott eigentlich alles geschaffen hat, wer hat dann Gott geschaffen?

Vater: (völlig geschafft) Ähm, gute Frage ...

Aimée: Irgendwie muss Gott auch geschaffen sein?

Vater: Vielleicht war er schon immer da ...

Aimée: (überlegt)

Lilly: (ruft laut) Der Jesus hat Gott geschaffen, der war schon immer da!

Alle lachen ...

„Aimées erste Zahnlücke"

Heute ist für Aimée ein besonderer Tag, ja ein richtiges Fest. Während des Frühstücks ist ihr erster Milchzahn rausgefallen und sie hat jetzt eine richtige Zahnlücke. Lange hat er gewackelt und gehalten – jetzt ist die Freude umso größer. Für sie ein Grund zu feiern. Einige Freundinnen haben im Kindergarten schon vor einiger Zeit vorgelegt. Der Druck war da – jetzt kann die Schule kommen, denn nur mit Zahnlücke ist man ein richtiges Schulkind. Mal sehen, was die Zahnfee dafür bringt.

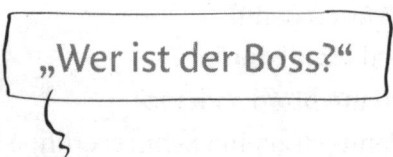

„Wer ist der Boss?"

Im Leben geht es ja immer wieder um die Frage, wer was sagen, machen und leiten darf, um Emanzipation und Rollenverhalten. Bei uns hat dieses Problem eine Vierjährige gelöst:

Lilly: Soll ich dir was sagen, Papa?
Vater: Ja, was denn?

Lilly: Die Mama ist nichts, Papa ist nichts, Aimée ist nichts – Lilly ist Boss!
Vater: Ahh.
Lilly: Ja, ich bin der Boss in der Familie.
Vater: Und was darf der Boss?
Lilly: Der darf dich in den Popo kneifen!

„Der kleine Pechpilz"

Lilly: Papa, ich bin ein kleiner Pechpilz.
Vater: Was ist ein Pechpilz?
Lilly: Jemand, der ganz traurig ist ...
Vater: Und du bist ganz traurig?
Lilly: Ja.
Vater: Warum denn?
Lilly: Weil ich alleine bin?
Vater: Wann bist du alleine?
Lilly: Wenn ich meine Schmetterlinge auf meinem Hochbett aufhänge.
Vater: Aber sonst sind doch alle da: Mama, Papa und Aimée ...
Lilly: Ja, aber nicht auf meinem Hochbett.
Vater: Dann lass uns mal zu den Schmetterlingen aufs Bett klettern.
Lilly: Oh ja ... (rennt los)

„Kartoffeln gehören in den Keller!"

Wir sitzen beim Mittagessen, es gibt Spargel in Schinken und Kartoffeln.

Vater: Lilly, iss bitte auch von deinen Kartoffeln.
Lilly: Nein, ich mag keine Kartoffeln.
Vater: Doch, ein paar werden gegessen.
Lilly: Ich will nicht.
Vater (ungeduldig) Doch, mach jetzt ...
Lilly: (wütend, laut) Nein, Kartoffeln gehören in den Keller!
Vater: (sprachlos)
Lilly: (triumphierend) Ja, in den Keller!
Vater: Wo hast du das denn her?
Lilly: Das sagt der Opa auch immer. Und der mag auch keine Kartoffeln ...
Vater: (etwas resigniert) Aber zwei Gabeln voll werden gegessen ...

„Die Ausnahme"

Nach dem „Pflegeurlaub" bei meiner Oma haben wir beschlossen, noch einen Familienurlaub zu machen. Kurzentschlossen habe ich per Internet eine Woche Lastminute Nordseeurlaub gebucht und so genießen wir die letzte Woche, 200m von der Nordsee entfernt, das Leben in einer tollen Ferienwohnung (leider oder zum Glück ohne Internet). Eine tolle Zeit für uns als Familie, kein Regen, viel Sonne und stundenlanges Strandvergnügen für Eltern mit Kindern. Niemals zuvor in meinem Leben gab es dazu eine so hohe Dichte an Memory und Quartettspielen und niemals zuvor habe ich so oft verloren. Die Kinder werden älter, selbstständiger und selbstbewusster, wollen mitgestalten, artikulieren ihre Ansprüche und haben eigene Ideen, was einen Urlaub verändert und spannend macht. Gestern hieß es dann Abschied nehmen, was Lilly mit ein paar dicken Tränen kommentierte. Aimée fasste den Urlaub ganz trocken zusammen: „7 Tage Urlaub, 7-mal am Strand, 7-mal Sandburgen bauen und 7-mal Eis!" Dann ergab sich folgender Vater-Tochter-Dialog mit Aimée:

Aimée: Papa, schreibst du was über unseren Urlaub im blog?
Vater: Mal sehen, weiß noch nicht.
Aimée: Du weißt, dass du nichts über uns schreiben darfst, ohne uns zu fragen!

Vater: Ja, ich weiß.

Aimée: Aber heute kannst du mal eine Ausnahme machen …

Vater: Warum denn?

Aimée: Du darfst über unseren Urlaub schreiben und du musst schreiben, dass wir jeden Tag für Mama gekocht haben.

Vater: O.k. Und was soll ich dann schreiben?

Aimée: Dass Lilly, ich und du jeden Tag für die Mama ganz lecker gekocht haben.

Vater: Ja, schreib ich auf. Versprochen.

Aimée: Und dass wir das jetzt immer so machen!

Vater: Also, ich weiß nicht …

Aimée: Aber mindestens am Wochenende …

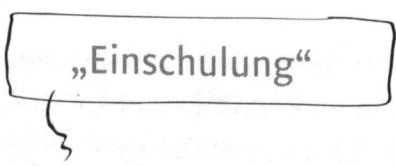

„Einschulung"

Heute ist für Aimée ein großer Tag: Sie wird eingeschult. Nicht nur ein weiterer Schritt in ihrem jungen Leben, sondern auch ein Ereignis für uns als Familie. Der Tag beginnt mit einem ökumenischen Einschulungsgottesdienst, der meine Erwartungen bei Weitem übertrifft. Der Gottesdienst ist kindgerecht, lustig, ernst, geistlich – einfach toll. Jedes einzelne Kind wird persönlich unter Handauflegung eingesegnet. Das ist echt der Knüller. Auch die Einschulung und die erste Stunde in der neuen Schule sind ein Erlebnis. Ja, jetzt haben wir ein Schulkind, unglaublich.

> „Warum es Erntedank keine Bananen gibt?"

Wir sitzen am Mittagstisch und irgendwie kommen wir auf das Thema Erntedank, und von da aus geht es zu den wichtigen ökonomischen und globalen Fragen dieser Welt.

Aimée: Warum danken wir beim Erntedankfest immer nur für Kartoffeln und Äpfel und so und nicht für Bananen und Orangen?
Vater: Wir danken auch für Bananen und Orangen.
Aimée: Tun wir gar nicht, im Gottesdienst waren lauter Körbe voll Kartoffeln und Äpfeln ...
Vater: Diese Dinge wachsen halt bei uns und deshalb sind wir besonders dankbar.

Aimée: Und die Bananen und Orangen gibt es auch bei uns, im Supermarkt.

Vater: Da hast du recht, aber die wachsen nicht bei uns.

Aimée: Wo wachsen die?

Vater: Ganz unterschiedlich. In Südamerika, Spanien oder Israel.

Aimée: Und wie kommen die dann hierher?

Vater: Naja, da gibt es Menschen, die die pflücken, und dann werden sie mit dem Schiff oder Flugzeug nach Deutschland gebracht und dann können wir sie kaufen.

Aimée: Das ist eigentlich super für uns. Und die anderen Sachen?

Vater: Welche anderen Sachen?

Aimée: Die Spielsachen, wo kommen die her?

Vater: Ganz unterschiedlich, die meisten aus China, schätz ich.

Aimée: Und warum können wir die nicht machen?

Vater: Also, in China verdienen die Menschen weniger Geld und deshalb können sie die Spielsachen billiger herstellen und wir sie dann billiger kaufen.

Aimée: Warum verdienen die weniger?

Vater: Naja, die leben in einem anderen Land und sie leben oft viel ärmer als wir.

Aimée: Verdienst du mehr als die?

Vater: Ich schätze schon. Wir in Deutschland verdienen fast alle ganz gut.

Aimée: Verdienst du viel?

Vater: (überlegt)

Aimée: Oder mittel?

Vater: ... Ja, so mittel, so viel, dass es uns als Familie echt gut geht.

Aimée: Verdient der Klaus mehr als du?

Vater: Du stellst Fragen, keine Ahnung, er ist der Chef und da wird er schon mehr als ich verdienen ...

Aimée: Darf der selbst bestimmen, wie viel er verdient?

Vater: Keine Ahnung, frag ihn das mal selbst.

Aimée: (nachdenklich) Aber das ist ungerecht, wenn die Menschen in China weniger verdienen.

Vater: Ja, das ist es, aber das liegt auch etwas an uns, wir wollen ja alles möglichst billig.

Aimée: Ich nicht.

Vater: (lacht) Natürlich nicht ...

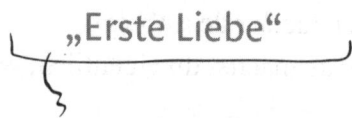

„Erste Liebe"

Heute Nachmittag gibt es folgenden Dialog mit meiner fünfjährigen Tochter Lilly und ich betone noch einmal das Alter!! Ich sitze am Tisch und trinke Kaffee, Lilly daneben und so ganz beiläufig kommt es zu folgendem Gespräch:

Lilly: Papa, der Elias ist in mich verliebt.
Vater: Ja? – Woher weißt du das?
Lilly: Er hat mich heute geküsst.
Vater: (aufgeregt) Was? Wo?
Lilly: (völlig ruhig) Heute im Kindi ...
Vater: Wohin hat er dich geküsst?
Lilly: Auf die Lippen, wo sonst?
Vater: (kann es nicht glauben und sucht nach den richtigen Worten, im Hintergrund lacht die Mutter)
Lilly: (lächelt stolz) Der Ben ist nämlich in mich verliebt.
Vater: (unsicher) Und du?
Lilly: Ich bin nicht verliebt.
Mutter aus dem Hintergrund: Du bist ja eifersüchtig!
Vater: Hier geht es um was ganz anderes. Unsere Tochter ist fünf!

Alle lachen (außer dem Vater)

Mutter: Was machst du eigentlich, wenn sie 15 ist?

Vater: Mmhhh.

„Lilly hat Geburtstag & Aimée eine Beule"

Heute ist Lillys 5. Geburtstag. Schon morgens geht es los mit Kerzen, Geschenken und Luftballons. Nachmittags geht es dann weiter mit einem tollen Kindergeburtstag mit ihren besten Freundinnen. Es gibt alles, was das Kinderherz begehrt: selbst gemachte Buttons, Kasperletheater und Sternschnuppenschatzsuche. Am Ende, als die Gäste alle weg sind und unsere Töchter glücklich schlafen, sitzen Christine und ich völlig erledigt auf dem Sofa und sind uns einig: Es ist eine gute Erfindung Gottes, dass der Mensch pro Jahr nur einmal Geburtstag hat.

Aimée hat sich auf dem Heimweg von der Schule eine richtig dicke Beule geholt, als sie beim Rennen über ihre eigene Jacke stürzt. Am Anfang sieht es richtig schlimm aus und wir befürchten schon, dass es auch eine Gehirnerschütterung ist. Aber nach ein bisschen Schlaf und Ruhe ist Aimée heute fast wieder fit. Gezeichnet wird sie wohl noch ein paar Wochen bleiben ...

Das Jahr 2008

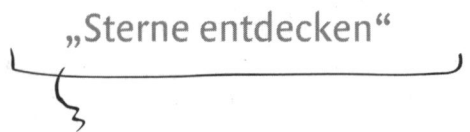

„Sterne entdecken"

Wir hatten einen Platten und so wechsele ich den Reifen. Lilly hilft fleißig mit und dann kommt es zu folgendem Vater-Tochter-Dialog:

Vater: Du bist echt fleißig, eine richtige KFZ-Mechanikerin.
Lilly: Was ist eine KFZlerin?
Vater: Jemand, der ganz toll Autos repariert.
Lilly: Nein, das will ich nicht sein.
Vater: Was willst du denn sein?
Lilly: Astronautin.
Vater: Ja? Warum denn?
Lilly: Weil man da zu den Sternen fahren kann.
Vater: Und was willst du bei den Sternen?
Lilly: (sanftmütig) Ich will dir die Sterne bringen ...
Vater: Ohh, das ist aber schön ...
Lilly: (besserwisserisch) Quatsch! Das geht doch gar nicht, die Sterne sind doch viel größer als die Erde!
Vater: Ja, das stimmt wohl ... Was willst du denn dann mit den Sternen?
Lilly: Ein bisschen rumlaufen und anschauen.
Vater: O.k. – alles klar.

„Lillyfee adé"

Aimée: Papa ich muss dir was sagen.
Vater: Ja.
Aimée: Du weißt ja, dass ich Lillifee liebe.
Vater: Oh ja, nicht zu übersehen.
Aimée: Du brauchst mir nichts mehr von Lillifee zu schenken.
Vater: Warum nicht?
Aimée: Also, die Lillifeephase ist jetzt vorbei.
Vater: Ah ja?
Aimée: Ja, ich komm jetzt in die Pferdephase.
Vater: Ja. Äh – Danke.
Aimée: Du kannst mir also alles über Pferde schenken.

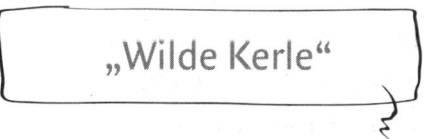

„Wilde Kerle"

Seitdem Aimée schon vor einiger Zeit der rosa Lillifee „abgeschworen" hat, wird jetzt Lilly untreu.

Lilly: (sehr energisch) Ich will keine rosa Sachen mehr anziehen!

Vater: Aber bisher musste doch alles rosa sein ...

Lilly: (stolz) Ich gehöre jetzt zu den „wilden Kerlen"!

Vater: (erstaunt) Ach ja, kennst du die schon?

Lilly: (völlig empört) Ja, klar, die kenn ich alle!

Vater: Woher denn?

Lilly: Von der Tina.

Vater: Darf die das schon sehen?

Lilly: Ja, das ist völlig ungerecht, die hat schon Wilde Kerle 1 bis 4 gesehen und ich will es auch sehen.

Vater: Das ist für ältere Kinder, du bist 5 Jahre.

Lilly: Die Tina ist noch jünger und kleiner als ich und die Lisa darf es auch gucken.

Vater: Das gibt es doch gar nicht ...

Lilly: Doch, und das ist voll ungerecht und ich zieh jetzt nur noch schwarz an und lache nie wieder!

Vater: Wie? Schwarz?

Lilly: Die Wilden Kerle ziehen auch nur schwarz an und lachen nie. Die sind nämlich cool! Und die duschen nicht und spielen jeden Tag Fußball!

Vater: Hat das Tina erzählt? Das glaubst du doch nicht, oder? Der Leon ist nämlich in Vanessa verliebt ...

Lilly: (erstaunt) Gar nicht! (kurze Pause) Ich will auch ein wilder Kerl sein ...

Vater: Vielleicht ein wildes Huhn?

Lilly: (völlig außer sich) Lass mich in Ruhe, du bist so gemein, die Tina darf alles und ich nichts.

Vater: Komm. Lass uns Fußball im Fernsehen schauen, das machen auch die wilden Kerle ...

Lilly: (rennt davon)

„Darf man sich selbst taufen?"

Wir sitzen beim Abendessen und es ergibt sich mit Aimée und Lilly ein Dialog über Taufe. (Bitte nicht nachfragen wie wir auf das Thema gekommen sind!):

Lilly: Ich will mich als Baby taufen lassen.

Mutter: Das ist ein bisschen zu spät.

Lilly: Dann taufe ich mich jetzt selbst.

Vater: Ja, wie denn?

Lilly: Ich tauche mich im Babybecken unter ...

Vater: Oh, untertauchen ... (fröhlich)

Aimée: Nein, wir sprengen Wasser auf die Stirn (spielt es vor), wie bei Fynn ...

Vater: Oh, besprengen ...

Lilly: Nein, dann taufe ich mich nicht.

Aimée: Ich weiß, wie das geht: Man sagt nämlich dazu im Namen des Sohnes, des Vaters und des Heiligen Geistes und dann ist man fertig.

Vater: Ja, so ähnlich. Weißt du auch, was Taufe bedeutet?

Aimée: (gelangweilt) Ja, klar, dann gehört man zu Jesus.

Lilly: (lauthals) Und Jesus gehört mir!

Aimée: Ich finde Taufen blöd.

Vater: Aha?

Aimée: Ja, ich gehöre jetzt auch zu Jesus. Wenn ich mich taufen lasse, gehöre ich auch zu Jesus. Also, was soll denn da der Unterschied sein?

Vater: (fängt an zu erklären) Ja, da gibt es schon ein paar Gründe, Taufe ist auch ein …

Lilly: (ruft laut) STOPP! Keine Lust mehr!

Kinder springen auf und rennen davon …

„Multitasking"

Heute hat Lilly ein neues Wort entdeckt und sucht die richtige Anwendung dafür. Sie sitzt auf der Toilette mit den Füßen in einer Wanne, als ich dazukomme.

Vater: Was machst du denn?

Lilly: Fußbad und strullern.

Vater: Hey, das geht nicht zusammen ...

Lilly: Doch. Ich kann beides. Ich bin nämlich Multitasking.

Einige Zeit später ...

Lilly rülpst und pupst gleichzeitig.

Vater: Das ist aber nicht die feine Art ...

Lilly: Doch. (Sie grinst mich an) Ich bin nämlich Multitasking.

Einige Zeit später ...

Wir sitzen beim Abendbrot und Lilly erzählt, was sie am Nachmittag erlebt hat:

Vater: Ich verstehe nichts. Kannst du bitte den Mund erst leer machen und dann weitererzählen?

Lilly: Das brauch ich nicht!

Vater: Warum?

Lilly: Ich bin Multitasking, ich kann beides auf einmal: Essen und Erzählen!

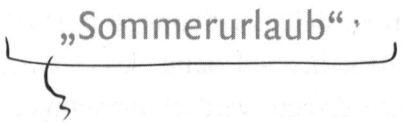

Die Ferien sind zu Ende. Schade. Zwei erholsame Wochen an der Nordsee liegen hinter uns. Die erste Woche waren wir mit einer befreundeten Familie (den Mops) zusammen in der Nähe von Wilhelmshaven, die zweite Woche alleine in Cuxhaven. Beides war sehr schön und hatte seinen eigenen Reiz. Nur das Wetter, das war nicht so toll. Ein Sonnentag ist nun mal nicht so viel, aber wer wird denn gleich für schönes Wetter beten? Anyway, die Sonne schien in unseren Herzen, so gab es keine größeren Skandale und wir hatten Zeit für die verschiedensten Ausflüge (von der Mühlenerkundung über Wattwandern bis Sealife) und Zeit der Muße. Wie solch eine Zeit der Muße aussieht? Hier ein kleiner Auszug:

Perfekter Nachmittag: Der Regen prasselt gleichmäßig gegen die Scheibe, Tori Amos singt „Past the mission", die Kinder spielen ruhig vor sich hin, Christine sitzt neben mir und ich lese den letzten Teil von Kraussers Tagebüchern. Ein kurzer Moment des Glücks.
Aber die Harmonie täuscht über die Realität et-

was hinweg. Beides ist vonnöten, Dualität des Alltäglichen. Schnell kann das Schöne durch das andere ersetzt werden, manchmal schneller, als man denkt:

Habe soeben Kraussers Tagebücher fertig gelesen. Lege nach dem letzten Satz das Buch zur Seite und stoße einen kurzen Seufzer des Respekts und der Trauer aus. Christine schaut von ihrem Buch hoch und fragt, was ist. Ich versuche diesen wichtigen Moment zu erklären, was aber offensichtlich nicht gelingt. Ihr lapidarer Kommentar: „Der schreibt mal wieder was!" Nichts verstanden. Es gibt Dinge, die lassen sich nicht wiederholen. Sind Geschichte. Zwölf Jahre ging die Geschichte der Tagebücher. Jetzt ist diese Geschichte zu Ende. Ignoranz. Christine kann meine Sentimentalität nicht verstehen und verlässt brummelnd den Raum. Die Kinder streiten lauthals um ein rotes Kissen, obwohl sieben Identische um sie herum liegen und Tori Amos hört auf zu singen.
Aber in diesem Urlaub haben die schönen Momente bei Weitem überwogen, worüber ich sehr dankbar bin. Wiederholenswert …

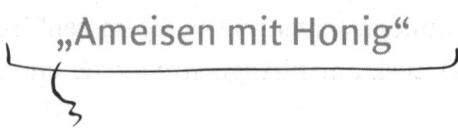

„Ameisen mit Honig"

Ich entdecke meine Töchter tief versunken im Garten sitzen. Als ich nachschaue, was sie so angestrengt machen, ergibt sich folgender Dialog:

Vater: Was macht ihr denn da?
Tochter: Wir essen Ameisen mit Honig!
Vater: (erstaunt und verwirrt) Was esst ihr?
Tochter: (ganz selbstverständlich) Ameisen mit Honig ...
Vater: Und wie kommt ihr darauf?
Tochter: Wir spielen Ureinwohner.
Vater: (immer noch verwirrt) Und wie esst ihr die?
Tochter: Wir ertränken sie und dann tauchen wir sie in Honig und dann essen wir sie.
Vater: Uuuhhh – und die schmecken?
Töchter im Chor: NEIN.
Vater: (erleichtert) Gut, ich dachte schon, wir müssen unseren Speiseplan umstellen ...
Tochter: Und morgen probieren wir gegrillte Regenwürmer!
Vater: ????

Zwei Stunden später muss Lilly kotzen! Irgendwelche Zusammenhänge streitet sie energisch ab! ☺

Beim ins Bett Gehen flammt das Thema bei der Älteren überraschenderweise noch mal auf:

Aimée: (voller Panik) Papa, mir ist gerade eingefallen, dass wir Tiere getötet haben.
Vater: Ja?
Aimée: Die Ameisen, die wir gegessen haben. Oh nein, ich wollte keine Tiere töten ...
Vater: Naja, ist nicht so schlimm. Die Nächsten lasst ihr dafür leben.
Aimée: (fängt an zu weinen) Doch – das ist schlimm, ich wollte keine Tiere töten ...
Vater: Mmhhh – vielleicht lasst ihr dafür morgen die Regenwürmer leben?
Aimée: (hört auf zu weinen)
Ja, das ist eine gute Idee!
Vater: (erleichtert) Gut ...

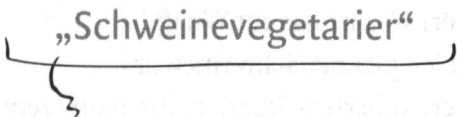

„Schweinevegetarier"

Während des Abendessens spielt sich der folgende Vater-Tochter-Dialog ab.

Tochter: Ich mag kein Schweinefleisch mehr essen!
Vater: Wieso das denn?
Tochter: Ich bin jetzt Spanierin
Vater: ????
Tochter: Ja, da isst man kein Schweinefleisch mehr!
Vater: Du meinst Muslime?
Tochter: Nein, Spanierin!
Vater: Ah, Vegetarierin …
Tochter: Ja, ich ess jetzt kein Fleisch mehr.
Vater: Isst du gar kein Fleisch mehr?
Tochter: Ja, gar kein Fleisch …
Vater: Und auch keine Wurst? Warum?
Tochter: Weil mir die armen Schweinchen leid-tun und Schweine meine Lieblingstiere sind.
Vater: Und Rindfleisch und Hühnchen? Isst du das noch?
Tochter: Ja, das esse ich noch, nur kein Fleisch von Schweinchen.
Vater: Ah ja, und was ist mit der Wurst auf deinem Teller?

Tochter: Was ist das für Wurst?

Vater: Ich glaube: Schweinewurst ...

Tochter: (überlegt kurz, beißt dann rein und sagt) Das esse ich auch, weil es von einem alten Omaschwein kommt, das sowieso sterben muss ...

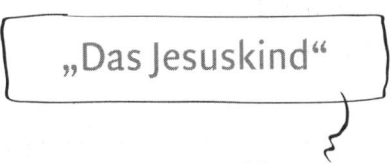

„Das Jesuskind"

Wir sitzen beim Essen und kommen, wie soll es anders sein, auf das Thema Heiligabend und das Kind in der Krippe und die Frage des Geschlechts:

Aimée: Das Kind ist ja Jesus.

Lilly: Jesus ist kein Junge und kein Mädchen.

Mutter: (lacht)

Aimée: Nein, Jesus ist ein Junge.

Vater: Ja, das stimmt.

Lilly: Aber Gott ist kein Mädchen und kein Junge. Das stimmt aber!

Mutter: Ja ...

Aimée: Aber manchmal denken wir, dass er eher ein Mann ist.

Lilly: (sehr bestimmt) Aber das stimmt nicht!

Vater: (sprachlos)
Mutter: (lacht)

Ich wünsche allen ein stressfreies und friedvolles Weihnachtsfest und wenn es nicht so läuft wie erwartet, dann immer daran denken: Eine Windel erfüllt ihren Zweck nicht, wenn sie sauber bleibt – auch nicht bei Jesus! In diesem Sinne, frohes Feiern!

Das Jahr 2009

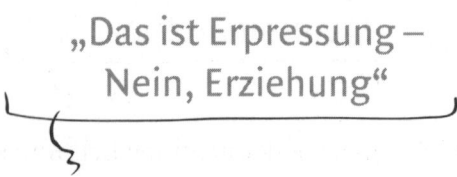

„Das ist Erpressung –
Nein, Erziehung"

Lilly will mal wieder nicht ins Bett gehen, nach der üblichen Prozedur mit Durst, Toilette, was Wichtiges sagen etc. ist meine Geduld schon reichlich strapaziert und es ergibt sich folgender Dialog:

Vater: Lilly, wenn du jetzt nicht ins Bett gehst, dann verzichtest du morgen aufs Fernsehen!

Lilly: Was ist verzichten?

Vater: Du schaust morgen kein Fernsehen!

Lilly: Nein, ich will aber Jim Knopf sehen ...

Vater: Dann benimm dich jetzt!

Lilly: Das ist Erpressung!

Vater: Nein, Erziehung!

Lilly: Gar nicht. Das ist Erpressung und ganz gemein!

Vater: ...

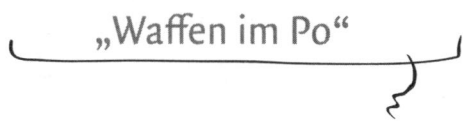

„Waffen im Po"

Lilly möchte mal wieder nicht ins Bett und setzt unlautere Mittel ein.

Vater: Lilly, jetzt ist Schluss.

Lilly: Nein, ich kämpfe noch mit dir.

Vater: Oh, ehrlich, ich hab keine Lust auf Kämpfe …

Lilly: Aber ich, ich hab nämlich noch Waffen im Po …

„Schlagzeug im Bauch"

Während unseres Urlaubs gab es noch ein kleines extra „Special". Wir waren eingeladen zu einem Privatkonzert der Glenn Kaiser Band auf dem Dünenhof. Die Band machte dort drei Tage Urlaub während ihrer Europatournee und gab dafür ein Konzert für die Mitarbeiter des Dünenhofteams. Blues Rock der feinsten Art mit einem Glenn Kaiser, der wie eh und je rockte! Ich fühlte mich gleich 20 Jahre in meine Jugendzeit zurückversetzt, als ich sie einige Male (noch als Rez Band) gehört hatte. Für Aimée und Lilly war es (von Daniel Kallauch abgesehen) das erste Livekonzert ihres Lebens (nach der Hälfte sind wir allerdings gegangen). Sie mussten sich vor allem an die Lautstärke gewöhnen, was Lilly wesentlich besser gelang, als ihrer großen Schwester. In der Nachbetrachtung ergab sich dann folgender Dialog:

Vater: Und wie hat es euch gefallen?
Lilly: Cool.
Aimée: Haben die sich die Lieder selbst ausgedacht?
Vater: Ja, die haben sie selbst geschrieben.
Aimée: Ich hab genau gesehen, wie der Sänger das dritte Lied am besten fand, da hat er sich voll gefreut beim Singen.
Vater: Aha ...
Aimée: Und der am Schlagzeug das zweite Lied ...
Vater: ???
Aimée: Und dann hat der Sänger mal versucht, ein Baby nachzumachen ...
Vater: Äh, ja, da hat er etwas geschrien ...
Lilly: Sind die berühmt?
Vater: Ja, schon.
Lilly: Berühmter als du?
Vater: (lacht) Ja, definitiv.

Lilly: Mir hat es gefallen.

Vater: War es euch nicht zu laut?

Lilly: (schreit und hüpft herum) Nein, nein, nein ...

Aimée: Doch, schon ein bisschen, aber ich fand es cool, wie es im Bauch gewippt hat ...

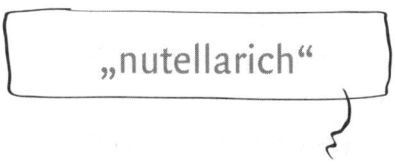

„nutellarich"

Im Zuge unserer familiären Versuche nachhaltiger zu leben hat sich beim Abendessen folgender Dialog ergeben:

Lilly: Darf ich Nutella?

Vater: Ja, hol sie dir bitte selbst.

Lilly: (geht und aus der Küche ruft:) Die Nutella ist weg!

Vater: Ich habe heute neue gekauft, sie hat einen orangen Deckel und heißt Bio Cocoba ...

Lilly: (mit skeptischem Blick) Das soll Nutella sein?

Vater: Ja, das ist eine neue, ganz besondere Nutella, da bekommen die Leute, die die Kakaobohnen pflücken, mehr Geld, sodass sie und ihre Familien besser leben können.

Lilly: Das finde ich gut (und sie macht sich dran, ihr Brötchen zu streichen …)

Vater: (kurze Zeit später) Und? Wie schmeckt es?

Lilly: (nach langem Schweigen) Rauchig!

Vater: ???

Lilly: (energisch & laut) Die mag ich nicht. ICH WILL MEINE NUTELLA ZURÜCK!!!

Vater: (etwas resigniert, aber verständnisvoll) Im Schrank hab ich noch ein Glas Nutella …

Lilly: (springt auf, holt Nutella und streicht sich ihr Brötchen, danach genüssliche Stille)

Vater: Und nach was schmeckt die?

Lilly: (grinsend und schmatzend) Nutellarich!!

„Stimmen im Kopf"

Wir diskutieren mal wieder darum, wie viel Fernsehen für unsere Töchter gut ist. Dabei entpuppt sich Lilly als ein wesentlich hartnäckigerer Gesprächspartner als Aimée. Die Grundregel lautet, dass sich Fernsehen und Computerspiele täglich abwechseln, was Lilly aber gar nicht gut findet, und so ergibt sich folgender Dialog:

Vater: Nein, heute ist kein Fernsehtag und deshalb wird auch nichts geschaut.

Lilly: Doch, ich will aber jetzt fernsehen!

Vater: (genervt) Nein, da brauchen wir gar nicht weiterdiskutieren.

Lilly: (auch genervt) Doch, da müssen wir diskutieren!

Vater: In deinem Kopf gibt es zwei Stimmen: Die eine sagt: Ich will mehr Fernsehen und die andere: Ich will mehr Computer spielen!

Lilly: (überlegt kurz) Und da gibt es noch eine kleine dritte Stimme!

Vater: (hoffnungsvoll) Welche?

Lilly: (laut) Die ruft immer: MEHR SÜßIGKEI-TEN!!!

(beide lachen)

„Skandalessen"

Es war einer dieser Tage, an denen es sich langsam hochschaukelte zwischen Tochter und Vater und dann beim Abendessen kam es zu diesem (Eskalations-)Dialog:

Tochter: Ich will ein Nutellabrot essen.
Vater: Kein Problem, die Nutella steht genau neben dir.
Tochter: Streich du es mir.
Vater: (schon sichtlich angenervt) Nein, das kannst du selber.
Tochter: (aggressiv) Nein, du sollst es mir streichen.
Vater: (richtig angenervt) Nein, bestimmt nicht.
Tochter: (fängt „künstlich" an zu heulen) Du sollst mir mein Nutellabrot streichen.
Vater: Hör jetzt auf, es reicht.
Tochter: (steigert sich jetzt so richtig rein) Niemand hilft mir und immer muss ich alles allein machen.
Vater: (steigert sich jetzt auch rein) Du verwöhntes Miststück, es reicht mir jetzt!
(Schweigen)
Tochter: (fängt jämmerlich an zu weinen)

Vater: (weiß nicht so recht, ob er sich schuldig fühlen soll oder weiter wütend sein kann)

Tochter: (heult erbärmlich)

Vater: (zerknirscht) O.k., ich nehme das Miststück zurück, tut mir leid.

Tochter: (heulend) Und das verwöhnt!

Vater: Ja, auch das verwöhnt ... Aber du musst auch hören. Ich sag was, und du machst gerade, was du willst, so geht das einfach nicht ...

Tochter: (immer noch heulend) Aber das ist so als Kind, da hört man einfach nicht ...

Vater: Nein, das muss nicht so sein ...

Tochter: (schluchzend) Du hast als Kind auch nicht gehört, die Oma hat gesagt, dass sie mit dir sogar beim Ohrenarzt war, weil du nicht gehört hast, aber der hat nur gesagt, dass mit den Ohren alles in Ordnung ist ...

Vater: (schaut ungläubig)

Beide schauen sich an und lachen danach.

Tochter: (schlupft zum Vater auf den Schoß) Tut mir leid, dass ich nicht gehört hab.

Vater: Mir tut es auch leid.

„Aprilscherz am Abend"

Lilly: Ich bin so müde ...
Vater: Kein Problem, du kannst jetzt ins Bett ...
Lilly: April, April.

„Aimées großer Auftritt"

Am Wochenende hat Aimée einen großen Auftritt mit ihrer geliebten Flöte gehabt. Souverän hat sie vier tolle Stücke gespielt und die ganze Familie war sehr stolz auf sie! Im Anschluss an diverse Auftritte von Musikschülerinnen und Musikschülern mit Oboe, Flöte, Klavier und Geige ist noch eine „Rockband" aufgetreten – sozusagen „Tokio Hotel junior" und hat mit van Halen und AC/DC die Eltern verschreckt. Lilly fand das super und Aimée hat fluchtartig den Saal verlassen ...

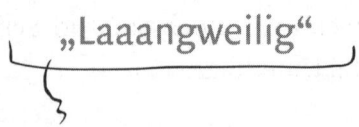

„Laaangweilig"

Zwei Stunden lang haben sich die Mädels ganz in schwarz-rot-gold gehüllt und dementsprechend geschminkt. Alles ist bereit und Vater und beide Töchter versammeln sich vor dem Fernsehen, um die deutsche Fußballnational-mannschaft lautstark und emotional zu unter-stützen. Dann der Anpfiff:

Töchter: (beide Töchter tanzen und singen) 54, 74, 90, 2010 ...
Vater: Könnt ihr neben dem Fernseher tanzen? Nach zwei Minuten hören sie auf zu tanzen und setzen sich zu mir aufs Sofa ...
Lilly: (uuaahh) Laaangweilig, ist das laaangwei-lig ...
Aimée: Foul, Papa, das war ein Foul, oder?
Vater: Nein, das war kein Foul ...
Lilly: Ist das langweilig ...
Vater: DU kannst auch schon mal ins Bett ge-hen ...
Lilly: Niemals!
Aimée: Der Schweinsteiger spielt aber echt gut.
Lilly: Ohhh, der Schweini spielt mit?
Vater: Ja.

Lilly: Schweini vor, noch ein Tor! Schweini ist der BESTE!! Uuuhhhaaaa

Vater: ????

Aimée: Also, die foulen echt schlimm ...

Lilly: Mir ist laaaangweilig ...

Vater: (völlig genervt) Wo ist eigentlich die Mama?

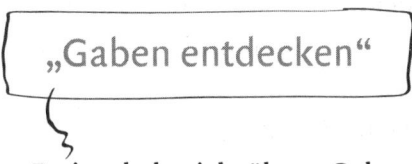

„Gaben entdecken"

Vor den Ferien habe ich über „Gaben entdecken" gepredigt und am Abend kommen wir noch mal auf das Thema „Gaben" zu sprechen. Ich erkläre den Kids, dass es unterschiedliche Gaben gibt und dass Gott der Schöpfer aller Gaben ist. Im Bad, während die Mädels sich die Zähne putzen, gibt es dann folgende Diskussion:

Aimée: Also ich finde, dass die Lilly die Gabe des Sport hat, die ist da immer so gut.

Lilly: Und Aimée die Gabe des Erklärens, wenn ich mal was nicht weiß, kann Aimée es nur sagen. Und die Gabe des Tröstens ...

Aimée: Ja, ich merke immer gleich, wenn jemand in der Klasse traurig ist oder so. Und Lilly achtet immer darauf, dass alles gerecht zugeht und setzt sich für die ein, die ungerecht behandelt werden.

Lilly: Ja, vor allem in der Schule, da geht es oft ungerecht zu, vor allem bei den Lehrern!

So geht es eine Weile weiter, bis sie dann in ihre Betten schlüpfen. Nach dem Singen und Beten schaut Lilly mich noch mal nachdenklich an und sagt:

Lilly: Und Papa, mir ist noch eine Gabe von mir eingefallen ...

Vater: Ja, welche?

Lilly: (energisch) Starker Wille.

Vater: (lacht und nickt zustimmend) ...

„Schöpfung vs. Evolution"

Wir lesen zurzeit abends den „Schlunz" vor und heute geht es um den Widerspruch zwischen Evolutionslehre und Sechs-Tage-Schöpfung. Das Buch favorisiert Letzteres, versucht aber beides darzustellen. Dabei kommt es zu folgendem Dialog:

Lilly: (ruft rein) Die Evolutionsleute sind doch blöd!

Vater: Warum? So abwegig ist das nicht.

Aimée: (völlig empört) Aber du glaubst das doch nicht?

Vater: Naja, keiner war dabei und ich kann mir schon vorstellen, dass Gott durch Evolution die Erde geschaffen hat.

Lilly: (springt auf) Mama, Mama, der Papa glaubt an Evolution. (Tonfall als hätte ich was verbrochen)

Aimée: (schaut mich sehr ernst an) Aber Papa, glaubst du im Ernst, dass aus einem winzigen Teilchen alle Tiere und alle Menschen entstanden sind? Das ist doch völlig unwahrscheinlich? Selbst Tiere wie der Blauwal ...

Vater: Naja, du warst auch mal ein winziges Teil, eine Eizelle und schau mal, was aus dir heute Schönes und Großes geworden ist.

Aimée: Ja, aber da wurde ein Mensch daraus! Und nicht 1000 Arten Tiere und Menschen und Pflanzen und ein Blauwal! (lacht)

Vater: Da hast du schon recht ...

Lilly stürmt mit neuen Nachrichten ins Zimmer.

Lilly: (rechthaberisch) Und die Mama glaubt auch, dass Gott die Erde und alles in sechs Tagen geschaffen hat.

Vater: Ja, das ist ja auch in Ordnung. Jeder kann das glauben, was er oder sie für plausibel hält.

Aimée: Aber Papa, Milliarden von Jahren, das ist für mich nicht logisch ...

Vater: Ja, vorstellen kann ich es mir auch nicht und wissen schon gar nicht, deshalb muss man ja an beides glauben ...

Aimée: Jetzt mal ehrlich: Was spricht für die Evolution?

Vater: Zum Beispiel, dass es am Anfang noch gar keine Tage gab ...

Aimée: Die wurden eben hinterher eingefügt ...

Vater: Vielleicht. Und vielleicht stehen sie einfach symbolisch für einen Zeitabschnitt, in dem sich die Erde und das Leben auf ihr entwickelt haben.

Lilly: Ich glaub das nicht und jetzt lies weiter ...

Vater: O.k.

„Was nützt ein Telefon?"

Wir haben seit Tagen kein Internet, da wir von t-mobile auf Alice gewechselt haben und dies (wie immer?) nicht reibungslos klappt. Jedenfalls ergibt sich am Rande dieser kurze Dialog mit meiner Tochter:

Tochter: Papa, meine Freundin will mich anrufen, aber das geht jetzt ja gar nicht ...
Vater: Tut mir leid.
Tochter: (sauer) Das ist echt saublöd ...
Vater: Ja, aber da kann ich auch nichts machen ...
Tochter: Bezahlen wir eigentlich für das Telefon?
Vater: Ja.
Tochter: Das verstehe ich nicht, warum bezahlen wir für Sachen, die nicht funktionieren?
Vater: Mmmhhh.

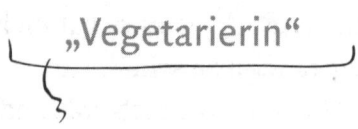

„Vegetarierin"

Der lange Weg Vegetarierin zu bleiben. Nachdem Lilly vor zwei Jahren schon mal einen Anlauf genommen hat, steht jetzt der Beschluss unwiderruflich fest: „Ich werde Vegetarierin!" Daraus ergeben sich täglich Dialoge wie beispielsweise dieser:

Lilly: Ich esse kein Fleisch mehr, nie wieder!
Aimée: Das schaffst du doch wieder nicht.
Lilly: Doch , ich schaff das.
Aimée: Wetten nicht!
Lilly: (energisch) Wetten doch! Mindestens eine Woche.
Aimée: Oh, eine Woche würde ich auch schaffen …
Lilly: O.K., dann bis Weihnachten.
Aimée: Papa, hol mal Lillys Lieblingswurst …
Lilly: Das ist gemein!
Vater: So, jetzt ist gut. Esst einfach das, was da ist …
…
(Alle essen und Lilly ist ganz stolz, den „Angriff" abgewehrt zu haben.)

Lilly: Mama, weißt du, dass es gar nicht so einfach ist, Vegetarierin zu sein?

Mama: Ich finde es wirklich toll und bewundernswert, wie du das durchhältst.

Lilly: Mama, der Trick ist, du musst dir einfach vorstellen, dass das totes Tier ist, dann ist es ganz einfach ...

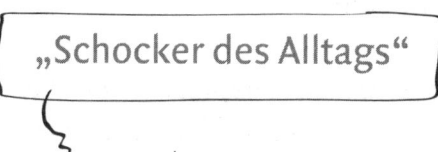

„Schocker des Alltags"

Nach dem Mittagessen spielt sich Tag für Tag dieselbe Szene ab, doch dieses Mal war alles anders:

Vater: Aimée, bringst du bitte noch deine Brotdose?

Aimée: (schreit) NEIN, Nein – das mach ich nicht!

Vater: (erschrocken) Hallo, geht's noch?

Aimée: Stellt sich direkt vor mich und schreit noch lauter: NEIN; NEIN!

Vater: (verunsichert und verärgert) Jetzt reicht es!

Aimée: (brüllt aus voller Kehle) Nein, Nein!

Vater: (entnervt) ES REICHT!

Aimée: (dreht sich amüsiert ab) Gut, ne? Habe

ich heute in Selbstverteidigung in der Schule ge-
lernt!
Vater: ???

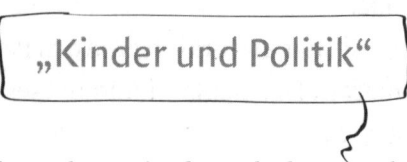

„Kinder und Politik"

Aimée hatte heute in der Schule Besuch von einer Abgeordneten der Grünen und es ging um
demokratische Prozesse in der Bundesrepublik.
Beim Mittagstisch gibt es daraufhin eine wilde
Diskussion, an der sich auch Lilly lautstark be-
teiligt:

Vater: Gab es heute etwas Besonderes in der
Schule?
Aimée: Ja, eine „Grüne" war da und hat die ganze Zeit geredet und geredet ...
Vater: Und was hat sie gesagt?
Aimée: (sichtlich angenervt) Keine Ahnung,
sie hat es so kompliziert gesagt, mit so vielen
Fremdwörtern, es war voll anstrengend und sie
hat immer von links und rechts gesprochen und
dann hat sie versucht, es an die Tafel zu malen,
aber ehrlich Papa, sie hat selbst nicht gewusst,
von was sie redet.

Vater: Aha.

Lilly: (energisch) Die Politiker sollen doch zu Hause bleiben!

Vater: Naja, sie wird ja auch was Gutes gesagt haben, oder?

Aimée: Ja, sie hat uns erklärt, wie das Parlament funktioniert in Deutschland und in Hessen und in Marburg ...

Vater: Ja, das ist auch wichtig. Hat sie euch auch gesagt, was ihr wählen sollt?

Aimée: Nein, sie ...

Lilly: (ruft dazwischen) Mann Papa, man darf doch erst mit 18 wählen ...

Aimée: Ja, sie hat gesagt, dass es wichtig ist, dass man mit 18 wählen geht und dass es egal ist, wen man wählt ...

Lilly: (ruft wieder dazwischen) Das sagt die nur so und sie will dich beeinflussen und ist nett und dann bist du 18 und wählst sie!

Vater: (schweigt und staunt)

Aimée: Aber das ist doch noch so lang ...

Lilly: Egal, was hat sie noch gesagt?

Aimée: Dass sie ein kleines Baby hat und ...

Lilly: (ruft wieder lautstark dazwischen) Warum erzählt die so was? Das interessiert doch niemanden, die will nur nett sein!

Vater: Ähhh, naja, also ich finde das jetzt nicht so schlimm.
Lilly: Ich wähle die nicht.

Das Jahr 2011

„Kindermund tut Wahrheit kund"

Wir sind in einem Open-Air-Familiengottes-dienst und die Anbetung läuft, als dieser kurze Dialog entsteht:

Aimée: (zieht an meiner Jacke) Du Papa ...
Vater: (leise) Ja?
Aimée: Wie oft müssen wir dieses Lied noch singen?
Vater: Mmhh.

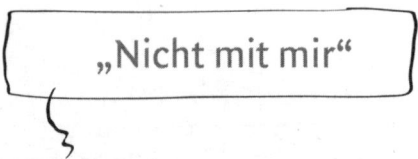

„Nicht mit mir"

Wir sind im Urlaub am Lago Maggiore und wollen am Anfang die Gegend erkunden. Die Nachbarn erzählen, dass der Strand etwa eine Viertelstunde zu Fuß weg ist. Wir wollen uns auf den Weg machen, als folgender Dialog entsteht:

Vater: Komm Lilly, zieh dir Schuhe an ...
Lilly: Warum?
Vater: Wir erkunden den Strand.
Lilly: Ich will nicht laufen!

Vater: Es sind nur 15 Minuten.

Lilly: Ich durchwandere doch nicht das ganze Land ...

Vater: Ähh?

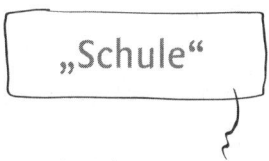

„Schule"

Vater: Wie war Schule?

Lilly: Super!

Vater: Schön.

Lilly: Das war ein Witz!

Vater: ???

„Kinder & Kunst"

Lilly kommt mit einer Rizzi Telefonkarte in einer kunstvoll bemalten Halterung.

Lilly: Was ist das?

Vater: Das ist eine Telefonkarte.

Lilly: Was kann man damit machen?

Vater: Telefonieren.

Lilly: Und warum steht die dann hier rum?

Vater: Weil sie von einem berühmten Künstler bemalt worden ist und schön aussieht.

Lilly: Die benutzt ihr doch nie.

Vater: Nein.

Lilly: Aber was macht die Karte dann?

Vater: Die steht da und sieht schön aus.

Lilly: (völlig entsetzt) Sonst nichts. Wie dumm!

Vater: Finde ich nicht, sieht doch schön aus.

Lilly: Ne, sieht nicht schön aus und benutzen tut ihr sie auch nicht und sie ist total verstaubt ...

Vater: Äh ...

„Die Entdeckung der Rockmusik"

Bei alle den amüsanten, nachdenklichen und komischen Vater-Tochter-Dialogen gibt es ab und zu wichtige Fragen zu klären. Mit so einer Frage kommt Lilly heute auf mich zu:

Lilly: Was ist Rockmusik?

Vater: Oh – Rockmusik ... (Vater versinkt in Gedanken)

Lilly: Zeigt auf eine Survivor CD und fragt: Ist das Rockmusik?

Vater: Naja, eigentlich nicht so richtig, eher Pop-Rock, also wenn du mal richtige Rockmusik hören willst ...

Lilly: (begeistert, hüpft rum) Jaja, so richtige Rockmusik!

Vater: (überlegt und öffnet den alten CD Schrank, starrt hinein und überlegt und überlegt)

Lilly: (wird schon ungeduldig) Papa, was jetzt?

Vater: (sinniert über seine Jugend und starrt auf über 400 CDs und überlegt, welche jetzt eine gute Rockmusik für seine Tochter ist)

Lilly: (völlig ungeduldig) Paaaapppppaaaaaa!!!!!!!

Vater: (nimmt in feierlicher Manier White Lion „Pride" aus dem Schrank und spielt „Hungry" an. Die Gitarre sägt durchs Wohnzimmer) …

Lilly: (hüpft aufs Sofa und schreit) Jjjjaaaa, das ist geil!

Vater: (grinst zufrieden)

„Ein Gastbeitrag"

Lilly holt sich mit großer Mühe ihr altes Kinderreisebett aus dem Keller und versucht es aufzubauen, nach einer Weile ergibt sich folgender Mutter-Tochter Dialog:

Lilly: Oh, das Bett ist aber schwer aufzubauen …

Mutter: Da musst du die Anleitung lesen.

Lilly: (völlig empört) Anleitungen sind für Loser!

Mutter: (ruft laut) Toby, das ist dein Kind!!!

„Das Scheitern der Erziehung"

Ich bin ein optimistischer Mensch und freue mich über das Leben, Niederlagen und Enttäuschungen gehören dazu, keine Frage, aber es gibt Tiefschläge, die kaum zu verkraften sind, und ich möchte an dieser Stelle nicht davon sprechen, dass ich als Vater versagt habe. Aber so anfühlen tut es sich, als folgender Dialog beim Abendessen stattfindet. Es geht um die Frauen WM:

Aimée: Ich will unbedingt das Spiel von den deutschen Frauen heute Abend sehen!

Vater: Ja, zumindest die erste Halbzeit darfst du schauen.

Aimée: Ich glaube, dass die deutschen Frauen Weltmeisterinnen werden können.

Vater: Ja, glaube ich auch ...

Lilly: Papa, ich muss dir was sagen ...

Vater: Ja.

Lilly: (mit fester Stimme) Ich bin Bayernfan!
(Schweigen am Tisch)
Vater: (starrt sie mit großen Augen an, ringt nach Worten) Also, ähh, ja, WARUM???
Lilly: Weil da der Schweini spielt und ich Fan von ihm bin und der HSV voll daneben! (lacht)
Aimée: Das ist jetzt echt schlimm für den Papa ...
Mutter: (mischt sich jetzt plötzlich auch ein) Also, Bayernfan gibt es bei uns nicht.
Vater: (immer noch völlig durcheinander) Ja, also, ja, wir leben in einem freien Land und klar, naja, wenn du Bayernfan sein willst, na dann ...
Lilly: (beißt völlig vergnügt in ihr Brot) Ja, das bin ich!
Vater rätselt, wie das passieren konnte ...

Gewidmet Peter A. aus E., der nicht verstehen kann, dass man die Bayern entweder lieben oder hassen muss!

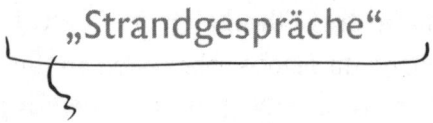
Wir sitzen am Strand in Italien und ich lese Christine ein Zitat von Zizek vor: „Es gibt einen Gott, er ist gut und reagiert auf unsere Wünsche, doch weil er nicht besonders gut hört und unsere Gebete häufig missversteht, ist er auch die Ursache des Bösen und unseres Unglücks." Kaum bin ich fertig, entsteht plötzlich dieses Gespräch:

Aimée: (an mich gewendet) Der glaubt aber nicht an Gott?

Vater: Äh, wer?

Lilly: Die Person, die das gesagt hat?

Vater: Zizek?

Lilly: Ja, keine Ahnung wie der heißt, aber der Satz klingt so, als wenn er nicht an Gott glaubt.

Vater: Ja, stimmt, er ist Atheist oder vielleicht Agnostiker, also er weiß nicht so recht, ob er an Gott glauben kann. Er schließt es zumindest nicht aus.

Lilly: Ich finde, dass man das merkt.

Aimée: Also, wir glauben ja an Gott, und er weiß nicht so recht, oder?

Vater: ja, so ungefähr …

Aimée: Und du glaubst aber auch an die Fabelwesen?

Vater: Was?

Aimée: Also die Dinger aus dem Wasser?

Vater: ???

Mutter: Ich glaube sie meint Einzeller?

Aimée: Genau, aus denen dann alles Leben kommt …

Vater: Ach so, ja kann ich mir vorstellen …

Lilly: Ich glaub das nicht!

Aimée: Vielleicht hat Gott durch Einzeller die Tiere geschaffen?

Vater: Ja, könnte sein.

Lilly: (etwas herablassend) Aber das muss man auch glauben!

Vater: Genau, wissen tut man das nicht. Das ist gar nicht so einfach mit dem Glauben, da hat der Autor von dem Satz (Zizek) schon recht und er weiß es nicht so wirklich, aber verteidigt den Glauben dann doch …

Lilly: (sehr dominant) Doch, ich entscheide es selbst und ich sage: Ich glaube und damit glaube ich, fertig.

Alle lachen

„Nachschlag ..."

Vater: Kommt mal her,
ich habe die Bilder für unser Buch!

Aimée: Oh sind die schön
geworden ...

Vater: Ja, ihr seht super aus und ich, naja, äh,
erkenne mich auch wieder ...

Lilly: Ist halt wie im richtigen
Leben ...

Aimée & Lilly: (lachen)

Vater: (sprachlos) ...